DIARIES OF A TERRORIST

DIARIES OF A
TERRORIST

Christopher Soto

Copper Canyon Press
Port Townsend, Washington

Cover art: Fabian Guerrero, *Ton*

Copper Canyon Press is in residence at Fort Worden State Park
in Port Townsend, Washington, under the auspices of Centrum.
Centrum is a gathering place for artists and creative thinkers from
around the world, students of all ages and backgrounds, and
audiences seeking extraordinary cultural enrichment.

LIBRARY OF CONGRESS CATALOGING-IN-PUBLICATION DATA
Names: Soto, Christopher, 1991– author.
Title: Diaries of a Terrorist / Christopher Soto.
Description: Port Townsend, Washington : Copper Canyon Press, [2022] |
  Summary: "Collection of poems by Christopher Soto"—Provided by
  publisher.
Identifiers: LCCN 2021053280 (print) | LCCN 2021053281 (ebook) | ISBN
  9781556596346 (paperback) | ISBN 9781619322523 (epub)
Subjects: LCGFT: Poetry.
Classification: LCC PS3619.O863 D53 2022 (print) | LCC PS3619.O863
  (ebook) | DDC 811/.6—dc23
LC record available at https://lccn.loc.gov/2021053280
LC ebook record available at https://lccn.loc.gov/2021053281

9 8 7 6 5 4 3 2 First Printing

COPPER CANYON PRESS
Post Office Box 271
Port Townsend, Washington 98368
www.coppercanyonpress.org

Not a man, but a cloud in trousers

VLADIMIR MAYAKOVSKY

CONTENTS

FOUR

DIARIES OF A
TERRORIST

METEOR SHOWER // OR WHERE THE SKY SKID ITS KNEES

In Memory of Tony

Police killed our neighbor // On his
      Doormat // Fifty footsteps from his bed
           The bullet's auburn cologne // Sprayed over him &
                  After the first shot // There were fireflies stumbling

After the first shot // We fell to the floor & then fell
      Into the basement // Where the computer couldn't speak up
           Huddled in the corner // Downloading the latest version of him
                  When our friend told us // Don't look out the window

Tony had an anchor // On his breath
      Police killed our neighbor // & We didn't know
           Until the moon went to sleep // Tony // Wake up
                  We peeked out the window // Pulled thin film from our lips

We struck a match across our face // To light the room &
      Terror was scribbled on us // Is this war or genocide
           The ambulance lights // Pirouetted like ballerinas
                  A different man was mourning on the street // Wailing &

Trying to take off his shirt // He fell to the pavement
      Then police paced toward him // Guns gloom by
           Their waists // & All we could think was // Fuck not again
                  Who'll protect us // From police // If not ourselves

POLICE SHOT A FIELD OF DAISIES

In conversation with Rafa Esparza's // Red Summer

7:00AM   We woke with no sleep // Yellow taped around our block
Tony died // Bullet holes in car windows // Glass on floor

9:00AM   We had a panic attack while driving to work // All the windows
Opened inside us // Couldn't find our breath // Too much wind

1:00PM   The horses went running through our minds // We touched their manes
Warm worms // Wiggled into infinity signs

6:00PM   Home wasn't safe but it was the only place to go // Children
Jumped hopscotch near caterpillars // A woman

11:00PM   Was jumped on the sidewalk // Crush is the sound of a head
On concrete // We heard a man yell // You got a gun // You got a gun

11:30PM   To avoid licking bullets // We blocked the window with furniture
Dropped our mattress to the floor // We kept having night-errors

10:00AM   Sorrow moves like an iceberg // Slipping alone into the sea
Heaven never floated so far

CHANDELIER HANGS IN THE SHAPE OF AN OCTOPUS

We brought flowers to his mother

        But flowers won't // Answer her texts

        Or feed the dog chained to a spike

        In the yellow yard

                b   *a*   *r*   *k*   *i*   *n*   *g*

This is her house // She begged the wind to hold her

        Reporters said the killing was justified

        But we thought // Nobody should be killed by police

        So we wrote it // On a banner

        By the encampment

His mother // Buried her child // Let her rest

        We wanted to tell her

        The dead can't be good or bad // Only dead

        But we were shy to speak

His mother was shattered &

        Lighting candles at the vigil

        Does lightning twitch as we do

        Every time we lose

Dear police

        Trust means I give you the gun

        You don't shoot

        It's not something you deserve

        To be trusted

A BEAUTIFUL DAY IN THE PSYCHIATRIC // GARDEN

In memory of Nate

Policeman panicked & pulled the trigger // & Poof
The blue black boy beneath moonlight disappeared

Ignored by politicians // & Police without remorse
Again & again // A mountain folds into itself & sighs

It's so American // The constant grieving of violets
Blooming state violence // What's left to say

Anger's the spit we swallowed // For centuries
The sunflowers burned // & Closed their eyes

We counted distance between bullets & our heads
The echo meant // He went to heaven ten blocks away

The freeway's hands // So high above the clouds &
We tried not to jump // What're our wary wings worth

If we wax our feathers // Would shootings cease
If we shaved our brows to sew a coat // Wouldn't

He still be cold

THE CHILDREN IN THEIR LITTLE BULLETPROOF VESTS

Each week we

Walked through

Metal detectors

Gossiping guards

Mothers

A basketball court

A blackbird

Barbed wire & more

Barbed wire

To be here

Where

We prepared

Poems

For incarcerated boys

Ages 15 to 19

They are

Fathers &

Brothers &

Boyfriends &

Together we

Learned

To write

To wrought

The pain & make it

Beautiful

When class began

Televisions turned off

Chessboards were

  Put away // Put away // &

  Boys dreamt with us by

The stainless steel

Lunch table in this

  Gray brick room

  Everyone looked the same

    Gray

      Cotton sweatpants

      Gray

      Sweaters sharpied with numbers

    Gray

  Wolves

  Most heads were shaved

  Some tattooed

 We asked about

  The boys' lives outside

 The detention center

Every sentence ended with

The word prison

Every prison began before

The sentencing

Our mother	prison
Our father	prison
Our nation	prison
Our language	prison
Our race	prison
Our gender	prison
Our laughter	prison
Our dancing	prison
Our clothes	don't fit

Clothes were our

Cousins' covered us

Like a tent

In Unit Y2

None of the boys

Knew we were faggots

Before each class

We'd wash #C003 Rustic Red paint from

Our nails then

Exchange our black dress

For slim blue jeans

Each body disciplined

For its difference

For its distance to

State power

Julian started to call us Carnal

He spent the first weeks of

Our poetry class

Schooling us

He would lift up his shirt

Showing the name

Of his gang

Of dead friends

Etched in ink // On his stomach

We'd tell him to

Drop his shirt

d

o

w

n

He'd keep pulling his

Shirt up

Julian told us he

  Wasn't afraid of death anymore

    He was in solitary against

     His will

He // Sat

    Stood // Sat

      Stood // Sat

                Twenty-three hours

                A day alone

                He couldn't even scream

                Without being pathologized

                Anything

                To open the doors

The first time

We were arrested

We aged to 15

A neighborhood

Watched through the

Svelte smell of

Cow shit as

Our elbows bent into

The back seat of a

Police car

We were wearing only

  Our boxer briefs

   We were handcuffed &

The faces looked like
Security cameras
Capturing just one scene
In the movie

                                        The brown boy
                                        The police car
                                        The tow truck

After arrest
For stealing
Our father's car &
Driving away
From an abusive house
Nobody saw the
Cigarette burns stubbed
  On our shoulder
    Nobody noticed
      Our father's chafed psalms
        The way his grip tore
          Our clothes
            How we sat

                    Mute   &   minute

                    Like   his   lapdog

                    In Unit Y2
                    Julian was finally
                      Released
                      Let out of
                        The detention center
                        On probation
                          With an ankle monitor &

We heard the hurd

The news said

The federal govern

Men would start

Using these

Ankle monitors

To track movements of

Undocumented Im

Migrants

Migrants tracked like

Wild animals

Our family of

Migrants

Of course

We run from poachers // There's

A

Whole

White

History of human zoos

In 1895 // Cree

In 1896 // Sicangu Lakota

In 1906 // Ota Benga

Displayed

We celebrated Julian

For his release from

Caging in Unit Y2

Confetti & balloons but

We felt uncomfortable

Proposing

He was free

He was human

Or citizen

We wanted to ash

His ankle monitor

We wanted to tell him

Everything

's changed but

The government's still

Tracking

Felonies

Peonies

NothhIm,ing's changed

Not // Him // Changed

Not // Him // Chained

Nothing's // Chaineded

Knot // Him // Chained

Knot // Hymn // Chain

No // Hymns

Nothing

J

ulian

Isn't free

They just rearranged

The boundaries of his cage

When released

Julian was on a

Couch in his

Mother's vintage

Room watching

Cartoons after

Drinking cereal

Milk &

He felt

Lazy

Wondering if abs

Are a personality

The blankets are wool &

Laid lightly

Over his shoulders

Sun tilting through

Cotton curtains

He yawned & stretched

Swiped slumber

From his slants

He hoped for no rain

With his head made

Of chalk

Every lighght must

Start someday

THE FUTURE'S BRIGHT // BESIDE A NUCLEAR WASTE SITE

She charged her ankle bracelet // From the kitchen chair &
       Sunflowers in the white wallpaper // Began to wilt

We wilted with them // Before our sister // & Her probation
       Officer // Who came over to the house unannounced

Just as we were // Preparing dinner // & What were we supposed
       To do // Cook for him // Invite him to eat with us

*

We hacked the heads // From broccoli stems // & Pretended
       His body was spread across the cutting board // Ugh

This officer kept talking nonsense & nudging his eyes around
       The apartment // Looking for drugs // Alcohol

Alchemy // Our sister waited for him to leave // Then began to rant
       Ramble about // Her childhood // & How she used to be

Before house arrest // The confines of these plastered walls &
       Her monitored route to work // Where

Every corner has a cop // Coddling a liquor store // Protecting their
       Notion of freedom // Our neighborhood eats fear

*

Mothers are being // Handcuffed & harassed // Homes are being
Crushed like cigarette butts // Everyone we know

Hates the racist police & wants a revolution // But we seldom
Aim the gun // Have you heard // How the bullets sing

Their anthem // Throughout the body // It sounds like God
Shutting the door // Bang // Bang

*

When it's dinnertime in heaven // & Your officer's knocking
Ignore him sister // Let the door bruise

Let the bears devour our enemies // We've no obligation
To open ourselves // For those who do us harm

THE TERRORIST SHAVED HIS BEARD

After Cecilia Vicuña & Layli Long Soldier

The root of terrorism is terror
    Etymologically derived from
    The Spanish word tierra // Meaning land

Or maybe // The root of terrorism is error
    Etymologically derived from
    The Greek // Err // Meaning to be incorrect

Or maybe we err in the etymology
    Maybe we're wrong // To think terrorism means
    One who exists incorrectly on this land

In Spanish the word terrorism becomes terrorismo
    Terremoto is a slant rhyme // & An earthquake
    A shaking of the land

You change the suffix &
    The word becomes a verb // Terrorizing
    For example // Police are terrorizing our people

Or in its past tense // The word becomes // Terrorized
    For example // On this land // Our people were
    Terrorized by police // By ICE

Is it writers only // Who obsess over punctuation
    The question mark // So cute in curiosity
    Question // Who do we call terrorist & why

WHEN THE CLOUDS CAUGHT SMOKER'S COUGH

For Roque Dalton // Poet // Incarcerated in El Salvador

This life's so small // & Sweet as a strawberry

We watched the women play harp in // The hills of grass

Beautiful music // We stretched our ears to hear

The cloud whispered // Memories can't be forgotten

How caterpillars weaved silk gloves // On our hands

When sentenced to death // We wrote quickly on your napkin

Scared yes // But never scared of love

Police took us to prison // Threw tornadoes around our room

We tried to remember the shapes of stars &

Just like that an // Earthquake collapsed the cell wall

Soft wind lifted us up // Like a kite // We were flying

We escaped to Cuba our // Stomach smaller than a tooth

The Cubans trained us for combat // To lead guerilla troops

We wanted bread for our people so bad // We stole it

In El Salvador // The illiterate memorized our poetry

To hear them speak it // Threw a javelin through our chest

Before returning // We took sandpaper to edges of

Our bone // Wind whistled through the wound

Government couldn't find us // With the guerillas

There were words we couldn't chew // For it would break our jaw

We couldn't lose one another // We were all we had

TO BLOW ON THE HORNS OF A BULL

For Dareen Tatour // Arrested in 2018 for uploading a poem
& Video on YouTube of Palestinians // Flinging rocks at Israeli soldiers

Subject   Dear Intifada

CC

We were rebooting // Our lives &

Riding // The electronic superhighway when

Our code was blockaded by // An Israeli checkpoint

Our hyperspace occupied   Dot com

Our computer didn't crash // But our door did

Our trial programmed to // Power off activists

We said // Resist people // Resist them

HTTPS // Google search Nakba   #700K   Palestinians forcibly evicted

Soldiers // Soldiers // Soldiers // Soldiers

We saw a wall & painted a doorframe   We hold the keys to demolished homes

Despite its lack of hands // The internet has such far reach

Behind its quiet blue // A chat room full of noise // Yelling

BREAK THE WALL // OR I'LL BREAK YOUR FACE

Sincerely

Click attachment to corrupt file

TRANSGENDER CYBORGS ATTACK

From JFK to LAX

We left our gender in Los Angeles // She was a cute muxe with a full beard // & A thick brown dick // We were traveling to her // Past metal detectors // When security slobs // Started grabbing // Our genitals // Ja Ja // If it's your job to grope strangers // Then quit // Huelga // Dear transportation agency losers // We love our hairy ass in a laced thong // Dildo in our carry-on bag // It isn't a weapon // We promise // When detained // We weren't sure what cavities they were allowed to search // Our ears // Or our nose // We missed our flight // We missed our gender // It was final boarding call & we couldn't hear // We're still here & they said our attitude has altitude // Woof // Our photo ID // From when we were wolves // The girl in California // We yearned to see her // Like the image of mountains scooped by a spoon // We'd show you self Es of our // Anus after the Tijuana donkey show // If it meant the plane's safety // Please let us go let us fly // Higher than fireworks in July // To see clouds undress in heaven // Our gender was against the law // But so was your God // Yes Jesus was trans // Her hair & her dress // Jesus was trans // How the Roman state crucified her in public

ORGIES FOR THE ELDERLY

Swayed by the worl   d's ugliest models // & Finally

   Enjoying the mediocrity of o   urselves // We sold art for aristocracy & some

    Days we were so desperate for touch // Breastfeeding mothers made us jealous

    Should be more ashamed // W   e know // We looked

  Our anus in the ugly // & It was lo   oking back at us // How

     We shifted from desire to desire // Unt   il there was no more wanting

       Ghastly scared of being st   uck like a // Blowfish in plastic rings

        Do you know how to sc   are an octopus // Ask about its future

        Memory swam by // A   silver shark we didn't want to touch

We took out the trash // We took out ourselves

     We got arthritis while jerking him off // Our dentures

    Dropped on his pubes // & We drooled like a little dog

    We came with our walker & a mountain of viagra // Then

  Sucked until the slow celestial release // While

Zapatistas sang their himnos in Chiapas // We got

Life advice from pregnant teens // Only salt for   sugar daddies

    Thursdays we knelt like a horse braiding it   s hair in the cyprus tree // Horses

     Are unicorns that lost the war //   Always next up in the poverty line

      We watched our culture se   ll on the stock exchange // Becoming

      Recycled TV memo   ries // Each cloud dreamt of solid form

      To forever love gay   collage boys

To forever pray benea   th the pope's glitter thong

BAREBACKING THE BARBACK

We're his // Retired slut on food stamps // Forever

Sniffing horse tranquilizer // Seeing digital dreams

This sweet & cherry // Boy-pussy is a great machine

Twice // Faggots chased // Down the nude // Avenue

Stalked & photographed // Buying burner phones

The cellophane sound of cyber threats // Entropy

In the new brutal // Black midnight // Public crying

We spoke literally // We lost obsidian // & A job

On the dark web // We were harassed // Scissoring

Our femme queen // & He violined // A bit nervously

The sky a constellation of arrows // Something gold

Feathered forgiveness // Forgive us // For speaking

We spoke // Smelling like dog piss & disappointment

Everyone hurt // Spat diamonds // On the sand

Hell's temperate climate // Compared to // This life

Without you

IN SUPPORT OF VIOLENCE

*Two hundred Indian women // Murdered their rapist on the
courtroom floor of Nagpur in 2004 // When police tried to
arrest lead perpetrators // The women responded // Arrest us all*

In this windowless room // Where he poured acid & stole money // Arrest us all
In this windowless room // Shut like the gut of an ox // Arrest us all

Gored & gorge are words to describe a wound   Gorgeous // The opening
Of a blade inside his chest   Gorgeous // Black galaxies growing

Across his skin // We threw rocks // & Chili pepper
Arrest us all

On the railroad tracks   Where he murdered our sisters
On the railroad tracks // Where black ants began // Biting crowns into calves

Arrest us all   The world was spinning &   We fell from its bed
How could we mourn   He kept raping // & Threatening // & Killing us

Arrest us all   On the ruby puddle // On the white courthouse floor
Arrest us all   We sawed his penis off // & Tore his house // To rubble

The streets were swarming // In protests   Welcome home
                          The night was a neon // Buzzing bumblebee

We never wanted to harm // Only to stay alive &
We could no longer wait // Wishing strangers would // Help or empathize

TWO LOVERS IN PERFECT // SYNCHRONICITY

FIG 19

In 1991 // Felix Gonzalez-Torres // Made an installation
in memoriam of his boyfriend // Ross Laycock // The
installation was made of candies individually wrapped
in multicolor cellophane // The pile of candy weighed
175 pounds or Ross's ideal body weight before AIDS //
Throughout the day // Visitors to the gallery ate the
pile of candy & therefore diminished the body of Ross
// Depleting his weight like AIDS did // Then at night
when everyone left the gallery // The curators could
choose to replenish the pile of candy // Restoring Ross
to his original weight // & Granting him eternal life //
Or not // This poem's dedicated to our queer mentors
that we never had a chance to meet // Especially Ross
& Felix

We were born the month // Ross died // In
Los Angeles // Our baby back // Toasted &
tattooed // Our neck sweat // Sweet wetback
// Beaner // Spik speaking spanglish // Our
clothes clinged on the clothesline // The swing
swung on the swingset // We were wearing
// Beach sand // Sand dollars // Sand crabs
// Summer skin // So tanned // We were born
// & Felix was mourning Ross // The lost hymn
of him // Poured one out // Y otra // Pa' arriba
// Pa' abajo // Centro // Free tequila for the
kids // Spray painting our names at the wash //
Vegan snacks at the punk show // We wanted
to believe // Masturbation's sex with someone
you love // But still we're apart // A part //
Of a whole generation of queer youth // Being
raised // Without elders // Who's Ross to us //
A whole generation // Lost to AIDS // Our lady
of constant dissent // A little gorey allegory

Hugo our true love // Jugo de naranja // When we broke up // He broke down // We were all ribs & on the barbecue // He played the xylophone with his tongue // Inflatable pool in the front yard // Yellow grass // Caged macaws // Palm trees // Tilted pool tables // The dog with knotted hair // Chanclas with sox on the beach // Seashell buckets // Cocinando pupusas con Mamá // Bebiendo Cola Champagne // The boombox // Pokémon // Graffiti walls // & Skater boys // No shirt // Bony as greyhounds // Hugo's plaid boxers peeking // Out of dickey shorts // He rode on the pegs of our bike // The ice cream truck // Over Celia Cruz // Piñata // Tarot cards // Hoop earrings & aerosol spray // We reapplied eyeliner like // A chola before mall photos // Eloteros // Fútbol // Sunday church // Bachata // Cumbia // No rain // Curanderas & Tío transcribed // At the séance // We pretended to get stigmata

O Los Angeles // O Hollywood Hills // O Placita
Olvera // O San Pedro // O Long Beach // O
Taqueria in Westminster // O the 405 freeway
// Left arm sunburnt // Windows down // We
were on beach chairs // Beach coolers // Beach
bums' butts // Peanut butter & jelly sandwiches
// Which chips in the sand // Pringles or
Ruffles // Vodka watermelon // Suntan lotion
// & We laughed with towels over our heads //
Police said // Are you drunk // Are you high
// & We replied // No // We're Salvadoran //
Police harassed us // Sooooooooooooo much
// We stopped driving // We stopped biking //
We moved to a different city // Police asked //
Driver's lice sense // Our red-rubbed eyes //
Our brown skin // Our brown // We didn't jog
the stop sign // We didn't pass the speed limit
// Our music wasn't too loud // No queremos
hablar // Contigo jodón // & It's amongst these
conditions // We love // We try to

Homeboy Beautiful // Felix & Ross // Hugo & Us // On the down low // Lowriders & smog // Homie // Hoe // He // Hugging // The stomach // Of our pillow // Con boca cerrada // No entran // Tumbleweeds & cacti // & Every day // At the museum // Visitors walked to the installation // A pile of candies // Individually wrapped // The visitors // Were looking for Ross // Looking for UFOs // & Our family of aliens // In the rosebush // Iron-welded gate // Weed wackers // Pushing lawn mowers // Over flinching finches // Electric tidal capitalism crashed over us // When prisons close // We hope there are no museums for pain // Where tourists can safely visit nobody // While prisoners are in solitary // Around this country // We made phone calls // To our deaf friends // Telling them to hurry // To the hospital // That Ross holds // The angles of angels // Have you heard // The extreme loneliness // Of the pervert parade

Ross we're here baby // Everything will be alright // We wanted to say // But he was gone // Before we came with // Wet dreams of our cousins // Twerking in the library // Tweaking in the laundromat // Feeling nauseous & agnostic // What's good // Where's god // Beneath the vacancy sign // Where's our therapist's therapist // Maybe this is how we leave // The hospital // The poem // The cemetery // Has fine typography // The ones we love // The fonts we need // Maybe we never breathed the cleanest air // Visited Scandinavia // Looked at auroras & their stretch marks // How Saturn lost her rings // Maybe the chore list was never meant to be completed // With Venus in retrograde // We tried not to drown // While swimming backstrokes in rosé & roses // With pitbulls named Rosie // Maybe one day // We'll wake // An oddity in the domestic & say // Ross we're here // Where are you // Was that it // Was that life // We didn't do enough // We did so much

YUMMM // SCABIES FOR BREAKFAST

Instantaneous

Pleasure takes too // Long

Butch dyke barbie

Our cheap plastic cunt

Pornographic & polyamorous

While raccoons licked our pussy

We begged // Yearned // Yes voyeurs // No condoms

Cum in us // Videotape us // Duct tape us

Call your friends faggot // Double penetrate us

Help release our serotonin // Grand canyon where our anus should be

We spoke feeling yellow // We woke feeling extraterrestrial

Feeling too much // Like yolk we broke

We looked to ourselves // In the mirror // In the morning

Our mouth tastes // Of his or his

Spit & cigarettes // Coffee burning // Thot

Where's our underwear // Fuck it // Keep it // Don't text us

The toothpaste specks on the mirror looked // Like melting moons &

We nervous our bruises // A reminder of Dad

TRANSACTIONAL SEX WITH SATAN

He smoked // Heavily // & Smelled like // The suicide of // One thousand angels

Intergalactic ash // Spread // Over his // Bed sheets // & Vintage dildo // Dreams

We wrote // Bestial love letters // & Had an affinity // For gothic cemetery // Cults

Mother // Used to ask // For our strangeness // To be locked deep // Inside Alcatraz

Bound & bruised // We became the siren & shipwreck // Synonyms for lonely

Our sex was // Melancholic terrorism or // Witchcraft in the // Catholic Church

He plugged our nose // Our tonsils gaped open // & Dick was shoved into our heart

Lampposts mocked fireflies // In their flicker & worry // About seizures in the sky

Been d rn uc k & practicing // Telepathy with friends // Everyone had low libido

He ejaculated // & Lilacs // Filled the room // Jars of milk & honey // Below stucco

In the morning // Awake & bourgeois // We clipped our toenails into crescent moons

Everything's legal // Somewhere

ALL THE DEAD BOYS LOOK LIKE US

For Orlando

Last time we saw ourselves die was when police killed Jessie Hernandez

     A seventeen-year-old Brown queer // Who was sleeping in their car

Yesterday we saw ourselves die again // Fifty times we died in Orlando // &

     We remembered reading // Dr. José Esteban Muñoz before he passed

We were studying at NYU // Where he was teaching // Where he wrote shit that

     Made us feel that queer Brown survival was possible // But he didn't

Survive & now // On the dance floor // In the restroom // On the news // In our chest

     There are another // Fifty bodies that look like ours // & Are

Dead // & We've been marching for Black Lives // & Talking about police brutality

     Against Native communities too // For years // But this morning

We feel it // We really feel it again // How can we imagine ourselves // Today

     Black // Native // Brown people // How can we imagine ourselves when

All the dead boys look like us // Once we asked our nephew where he wanted

     To go to college // What career he wants // As if

The whole world was his for the choosing // Once he answered without fearing

Tombstones or cages // Or the hands from a father // The hands of our lover

Yesterday praised our whole body // Made angels from our lips // Ave Maria

Full of grace // He propped us up like the roof of a cathedral // In NYC

Before we opened the news & red // & Read about people who think two Brown queers

Can't build cathedrals // Only cemeteries // & Each time we kissed

A funeral plot opened // In the bedroom we accepted his kiss // & We lost our reflection

We're tired of writing this poem // But we wanted to say one last word about

Yesterday // Our father called // We heard him cry for only the second time in our life

He sounded like he loves us // It's something we're rarely able to hear &

We hope // If anything // His sound's what our body remembers first

SCHIZOPHRENIC FUCKER

Ah damn // We love you man

We found you in some cheap M O   E   L with a fainted neon T

We found you cackling in an open field // Cracking skies open like lightning with your laughter

We found your arms tattooed with our poems

Because we were the only poets you knew

Because you loved how we always looked for you // Or found you

Walking with your asthmatic dog that wasn't yours anymore

Walking aside railroad tracks before curfew at the sober living house

Walking with that meth head & her three kids

Why were you yelling at them // & Mom said they aren't allowed over anymore

Or were you walking back to prison

Or what was your cell phone number again

Or we stood in the garage asking your mom // When she saw you last

Or we cried in a minivan // Feeling like a stupid bitch

We couldn't find you under our fingernails

We couldn't find you // Asking anorexics for dieting advice

We couldn't find you anywhere &

We remember you before prescription drugs // That led to nonprescription drugs

How we'd surf alongside dolphins // Waves dancing on our backs

How California clams // Would hang on pillars of the pier

How many false goodbyes // Before we said goodbye

Where are you // Goodbye

CONCERNING THE NECROPOLITICAL LANDSCAPE

Dear Mother // We apologize for these instructions regarding
Our belated death // But police keep pestering parents on

Where to shake their child's ashes // Fuck that // Dance &
Laugh our ashes into the volcanoes // Volcanoes are Earth's

Pimples // About to burst // Dear Mother // We hope neither of
Us dies // But rather // We drift into alzheimer's together like

Abuela years ago // We can walk out of the house in our
Bathrobes // Waving at police cars & thinking they're taxis

Taking fathers home // Dear Mother // We haven't told you but
Bombs in Chelsea were so close last fall // We fell & prayed

To Holy // Nuns of the Erectile Dysfunction Committee // But
Still // We'll never understand why // God made something

So beautiful as the sun // On the ridge // To be blinding
Dear Mother // We've been much too slow to say thank you

The word twisted on our tongue // We stuttered to say th-thanks &
Maybe it's our accent // Unable to pronounce refrigrator

Refrigerador // As if our language was a child
Who wet the bed from being tickled too much // Dear Mother

We've read the credit report // & The U.S. fiscally sponsored the
Civil war in El Salvador // Where men had genitals cut off &

Stuffed into their mouths // Their heads decapitated & placed
Between their legs // Tío saw all his friends // Students slumped

On chain-link fences // After marching outside the university
As a child // We never thought how difficult it must've been to

Pick the heads of daisies with us // By the swimming pool
Each petal pulled // We'd recite // He loves us // He loves us not

God must // In the most bloated nights // The fullest nights
God must've known // You'd follow us outside // Heaven's gates

What an oxymoron // There must be a heaven that's boundless &
Unbridled // Where we can seek asylum // Dear Mother // Please

Teach us how to hold the sorrow // Without losing our arms

THE JOSHUA TREE // SUBMITS HER NAME CHANGE

She stepped across our chest
        Dragging her shadow & fraying // All the edges
                Our nipples bloomed // Into cacti // Fruit & flower
                        She ate // Then we did // A needle pricked her

We've seldom seen this woman cry // Squeezed like a raincloud
        She cried because // Two men // Two men
                Built a detention center // From bone & clay

The first bone // Our clavicle   The second // Her spine
        She howled // As the fence // Surrounded her
                She coughed & combed the floor // Our chest shiv
                Shivering

Inside the detention center // She was renamed Ill // Egal
        She forgot 15 pounds & mental health & her feet were
                Cracked tiles // Dirty dishes

This border // Isn't a stitch // Where nations meet
        This border's a wound // Where nations part

JOB OPENING FOR BORDER PATROL AGENTS

Requirements
- U.S. citizenship
- One year military or police experience
- Ability to read & speak Spanglish

Education
- No college degree required

Duties
- Jugs of rosewater slashed open // Slit in the shape of a frown
- Mexican teenager // Unarmed but shot
- Neon burial grounds // Tumbled through the border
- Money stolen // Medications confiscated // Children crammed into Overcrowded cells
- Toilet paper // Placed on the floor for warmth // One barrier before the Cold cement
- Drugs smuggled by border agents
- Checkpoints opened during the hurricane // Migrants couldn't seek safety Without being detained
- Surveillance cameras shook through // Skinhead passports
- Border communities petroleum // Patrolled desires
- Believed you were good // For doing your job // Even when your job means Harming other people

Salary
- $40K & raise every year // Plus overtime

Benefits
- Infrared scopes for night operations
- Half price on used lungs
- Required to carry a firearm
- Equipped with off-road vehicles // Horses // Watercrafts // Motorcycles // & ATVs
- Stood before the mirror // Throwing rocks

How To Apply
- Send in your name // We promise insomniacs have the best day dreams
- Full-time // Latinos preferred

WE'VE BEEN YEARNING FOR A RIOT

At the Los Angeles Zoo

The cobras unlocked their jaws into safety pins // Picked
Open the locks of their terrariums & escaped

The penguins threw // Student loans at women with Prada purses
So upset // The thought of happiness existing anywhere // Seemed insulting

The albino rhinoceros battered // Open the gates of his captivity
How he dreamt of a road trip & camping in Yosemite

To walk in the valley & let waterfalls empty their bladders into his mouth
The ram rammed open // The gates of his enclosure too

The apricot parrot // Sang the same song of struggle
Anticapitalism means // The rich can no longer control us with their laws

This whole fucking zoo bursted like a // Molotov cocktail
When the parrot set flame to the aviary &

Then a fly flew // Onto the spine of a gazelle // A gazelle
Who was lighting a blunt while // Resting her hip against the ice cream stand &

The alligators started to pour margaritas // Alligators
Used to be enemies with the gazelle // But now together

They hijacked the stereo & started dancing to // La Bala by
Los Hermanos Flores

The pigs // The most anxious of animals // Stayed locked inside
Clutching their badges // Hiding in mud & waiting for the uproar to pass

Then came the wisps of tranquilizer darts // Humans pushed giraffes whose

Necks craned in the shape of a // McDonald's arch &

We couldn't fold back // To corn meals from the trough

We dashed to freedom // Our cheetah crop top // Turned us into a cheetah

Our legs were pixelated in quick motion // Catch us

If you can

THEN A HAMMER // REALIZED ITS LIFE PURPOSE

Round I

We kept envisioning our sister's spine

On the chain-link fence

We kept trying to understand // Words like violence & freedom

Why did a fist choose to fly

In junior high // We saw her // Fight

The veins in her neck were two rivers

diver   diver

ging

Our body was a sandbag & screaming

Hit that fucker

There she was // Spine on diamonds // Of the chain-link fence

We were held back

Our sister // Her hair pulled from its galaxy

We can hardly write our sister's pain in the poem

si

st er

's pain in

th e po

em   & ours

Screaming // Hit that fucker // In the mouth

We swear there was a black hole that swallowed every sound we made

Let us go   Let her go

                              Let go of   The cell phones

In their hands // Recorded such an ugly moment

The camera lens blinked its eye // & Lost the staring contest

How could they film this

We couldn't even watch once

Which beckons the question of ostranenie in literature

How does one dispute the image // Without it becoming a commodity

Or trigger

A crowd was around her in a half circle // The shape of an orange slice

Floating in a glass of beer

The crowd seemed like it was 5 // Rows or 6 // Rows or 7

Hundred // Rows deep

We were sinking in quicksand

We were swimming forward to help

Our sister gripped // The other girl's hair in her palm // A small planet for suffering

This chola's shirt & bra // Being torn off by our sister

Let them fight // Let them fight // The boys said to us

Teenage boys excite   d

At the sight of // Gangsters on ice skates

For teenage boys the fight was a sexual experience // Extension of their desires

We grabbed a skateboard nearby

By the bearings // & Swung it to the ground

We said // Move the fuck away or we'll smash your head open

Because we're feminists // We'd never smash open the head of a young girl

Because we believe in our sister // We'd abandon our name

We'd become // Whatever animal she didn't

Ask us to become

Round II

Sitting on the couch // In our therapist's office

There was a coffee table between us

Blocking the connection

Mostly our memory goes blank

It feels like looking at the sun // Big black blotches where there should be bright

Sometimes it feels better for the image to be disappeared

We told our therapist

Our sister was on the phone // We could feel her shaking through the line

A plane in turbulence &

It passed to us // Electronically // We started shaking too

Our sister went to visit father

Who was rarely a Father

She saw him hit the dogs

His hand raised   Again   His hand raised

He must have looked so big to the dogs

We imagined a howl // A limp in the leg // Their tucked tails

Worried for a way // Out of the room

Rushing through his legs // Running away

No roof to sleep but under his

No master but him

Mister

No walking without his collar

His hand raised   Again   His hand raised

      She was watching

      One dog was named Bella // Beautiful

      The other dog was named Luna // Moon

      The beautiful moon sleeping outside

      Shivering in the shitty shed

Our sister called because we both knew the metaphor // We were the dogs

Hiding from father again

The couch with its broken legs // Had been taken to the doctor's

But this time // She spoke up

Don't you ever hit the dogs you asshole &

The smallest infraction // Can bring us back to childhood

He doesn't understand   why

Mom slept with a suitcase beneath her bed

Mom would get nervous when we were all bones

The dogs weren't eating anymore

Our glass dogs // Broke from their glass leashes

Our father was in the yard calling

            Luna Bella

                  Luna Bella

       Beautiful Moon

Beautiful Moon

       As if waiting for someone in the sky // To call back to him

                              Round III

Yes // Our body sometimes did crave it

The soft blue touch of a bruise beneath a sweater

This is the story of hands on us

Domestic Violence to // Kink to // Boxing

       We were afront a firing squad // We were afire // A flame extinguished

We were flamboyant // Our buoyancy burst // A boy ago

We began boxing with other survivors

To let go of anger

As if anger were a little red balloon

Zigzagging // Into the stratosphere

Maybe anger's what happens when love feels threatened &

We loved ourselves so much

We used to punch our ribs before sleep

Trying to make our skin tougher

So we wouldn't feel father punching us

Jab // Lead Hook // Cross // Duck // Jab

On that first boxing class // Our arms flurried against the bag

The instructor said // Imagine your enemy &

Tears were track runners down our face

A little lake fell to the ground // We dove in

An encyclopedia of motherfuckers // Appeared on the bag &

We beat them all

Lead Uppercut // Back Uppercut // Slip // Cross

We walked as if // Nobody could fuck with us

We boxed because therapy & writing & forgetting wasn't enough

Boxing because

Sometimes it feels like

No is just a sound that one makes to warn of danger

Like a train whistling or a flashing red light

No couldn't stop the wreckage   As much as we wish it would

No   No   No

Our fists were swinging against the bag // As if that could have stopped him

Lead Hook // Back Hook // Back Hook

Duck // Keep your guard up

We imagined our enemies

Feet fast across the floor // Legs flashed from one position to the next

Surprised by the graceful flow in a boxer's body

Before yanking off drenched gloves

Untying the wraps to see the blue-red between our webs // The peeled knuckles

We asked our friend // What enemy he was punching

He said // He was fighting bigotry & hate

He was fighting concepts & not people

In the locker room // He waited for us to undress

Before showing his nipples

We contemplated Mexican Brutalism // & Luis Barragán in a luxury gym

Because that had become our life

We walked out that door // & Pretended to box on the street

We laughed & jabbed at one another

Taught one another about form

Not the ghazal // Or the sonnet // Or the triolet

He said // Lift your elbow // You don't want the punch to land on the last two knuckles

For a moment we smelt big

For a moment we smelt too big to attack

We walked near the East River in Brooklyn // Looking at downtown Manhattan

We asked consent // Before male-gazing the stars

We looked at One World Trade Center & remembered

What was there in our youth

Twin Towers

We remembered visiting the twins before // They fell

Or were pushed over

Gray hotdog water in the cart // Catty corner

We thought if America // The biggest bully // Wasn't immune to attack

Then how could we ever think we were safe

Maybe in the aftermath // We have more in common with

America // Than we want to admit

Maybe a boundary becomes a border // When nobody's allowed to cross

Maybe we built walls so giant // To keep everyone out

Maybe our mouth was a weapon // We were willing to launch too readily &

Mostly we were afraid of

The people we'd never met

Which is to say

We see sunflowers in the // Eyes of a friend

Some flowers outside the // Kitchen sink

Sinking into another thought

During lunch break

We broke it down while drying

Dishes // To Nina Simone

Moaned over her interviews

Believed every word she

Said // When she said

Freedom means to live with no fear

Round IV

For three years // We didn't talk

Our mouth was a cave that collapsed

But silence was never complete

There was always // A heartbeat through the wall

In the middle of midnight // Our sister was vomiting on her blouse

Overdosing in the ambulance

What did she take // Maybe

Silence just means // Less than the loudest part of the room

Maybe police were the loudest // & So we didn't hear other solutions

For years // Our suffering was so loud // It was all we could hear

The adjacent room didn't exist

We couldn't hear // Our sister's breath

We couldn't understand // That while we got beat by father

She was in the next room // Alone & listening

The sound of our body scrunched

Into a paper ball // About to be tossed to the rim of the trash can

Our mother's voice // Please stop // Please leave him alone

We're doing it again in this poem

Our sister's still steady in the other room // With nobody listening

That silence amalgamating

We imagined that she bunkered under the bedsheets // To escape the silence

That she hummed

That she plugged in her headphones & turned on the music

We imagine that she climbed onto the roof // To look at ethereal night // Or Etheridge

The window clicked open // Her little steps on the shingles

Nobody noticed when she had left

She could have brought twenty gorillas to live in her bedroom // Nobody would have known

It would have still tasted like silence in there

Our sister heard our thud thudding next door // For years

We must be acute in this obtuse memory // She heard

The stapler thrown into the wall

Every family photo covering holes // He made

Maybe this is how she tried to survive

While we had our mother's protection

Our sister had a bottle of gin

Round V

Our therapist said we have PTSD // & We want a bulldozer

Over us

The stars moved so slowly

For the last two rounds // We've been knocked out

We don't want to fight anymore

We fought

To end the death penalty

At our day job

But we don't care who lives or dies

Tonight

Sorry

After domestic violence

I thought there would be me

But instead we found our teeth // Grounded to sugar

We still felt him   e v e r y w h e r e

We tied two birds to our earrings

Told our mind to fly away

We hunched across from our sister

We told her // We don't want to write publicly

We told her // We don't relate // To poets // To activists // Anyone

We told her // We're done // Spitting into the bucket

We told her // Coach // Take us out of the ring

Our days should be spent // Tying daisies into bracelets

Our days should be spent

A lifetime with thyme

Our sister // She looked at us with such compassion // & Such range that

Waterfalls began to pour from our ears

Her pupils told us

You're needed

You need to remember // You're strong

You've been hit before

You need to get up // You can get up

Despite the ropes on our back

Our sister was still cheering for us // Her heart was still harping

Our mother was still cheering

Our friends were cheering

Our god was cheering

Our God

Our gauze // On our hands // Water squirted in our mouth

We shook out our arms // Wiped the sweat with a towel

For the ones we loved // There was

Just enough to lift our head

To remember // These city lights were never about us

It's the final round &

We whispered to ourselves

Get the fuck up & fight

ACKNOWLEDGMENTS

Thank you for the opportunity to be alive, God/x.

Thank you to my family, especially my mom and the strong Salvadoran women who shaped me.

Since fourth grade, I have been running into the ocean with Courtney Cox. I love you, duh.

Thank you for friendship foremost, and for editing the earliest draft of this book, Ocean Vuong. And to Eduardo C. Corral, for so much generosity, including editing a later draft of this book.

My years at NYU and in New York changed my life. Yusef Komunyakaa and Eileen Myles, I hear your lessons every time I approach the page. Javier Zamora, Emily Jungmin Yoon, Alysia Nicole Harris, you have been so patient and loving, as I stumbled and edited my way into adulthood. William Johnson, from our Lambda Literary days, thank you for your mentorship and joy.

My world is small but feels larger because of you: Jennifer Espinoza, Reece Noi, Jacob Tobia, Jackie Wang, Myriam Gurba . . . and more. I feel shy to list.

Lastly, I am grateful for the advocacy of my agent, Katherine Latshaw, and to everyone at Copper Canyon Press for making this book possible. A tremendous thank you to all of the editors, reviewers, and program coordinators whose underappreciated labor makes a shared literary life possible.

For survivors and abolitionists.

NOTES

Poems in this collection were first published in *The American Poetry Review*, *Hyperallergic*, *Indiana Review*, *Kenyon Review*, Literary Hub, [PANK], PEN America Online, *Poetry*, *Poetry London*, *Prairie Schooner*, *The Rumpus*, *Tin House*, and *Virginia Quarterly Review*. Poems were then anthologized in *Home Is Where You Queer Your Heart* (Foglifter Press, 2021), *Grabbed: Poets & Writers on Sexual Assault, Empowerment & Healing* (Beacon Press, 2020), *The BreakBeat Poets Volume 4: LatiNext* (Haymarket Books, 2020), *Women of Resistance: Poems for a New Feminism* (OR Books, 2018), *Bullets into Bells: Poets & Citizens Respond to Gun Violence* (Beacon Press, 2017), *Subject to Change: Trans Poetry & Conversation* (Sibling Rivalry Press, 2017). Poems in this collection have also appeared in translations, art exhibits, podcasts, and international literary events.

These poems directly reference other creative and critical works across disciplines. In this collection, "homeboy beautiful" is a reference to the queer Latinx art and zines by Joey Terrill. "Electronic superhighway" is a reference to the experimental art of Nam June Paik. "The Children In Their Little Bulletproof Vests" is in honor of my students at Los Padrinos Juvenile Detention Center, and parts of it were inspired by the work of the Sylvia Rivera Law Project. "Everything is legal somewhere" is a lyric from the grindcore band Retox (Justin Pearson and Three One G Records have been vital to my writing). The way that I capitalize the word *father* is inspired by the use of capitalization in *Life on Mars* by the poet Tracy K. Smith. I give a head nod to the work of poet Rachel Eliza Griffiths in the first stanza of my poem "Chandelier Hangs In The Shape Of An Octopus." Aram Saroyan, a minimalist poet, created the word "lighght," which I use. Dolores Huerta crossed my mind as I used the word "huelga." I was reading *Professionals of Hope* by Subcomandante Marcos to my baby nephew, and thus the Zapatistas came to be referenced in my book. "A constellation of arrows" was written after hearing a recording of the poet Robin Coste Lewis.

"Vegan snacks at the punk show" is a line that was written for an all-ages punk venue called The Smell in Downtown LA. "Pervert parade" is taken from an episode of *Friends*, but that show is meh. The poem "Then A Hammer // Realized Its Life Purpose" wouldn't be possible without Ryan Wong. *Citizen* by Claudia Rankine influenced my pronoun choice. From Natalie Diaz, I tattooed the line "All I know of war is win" across my jugular, in the midst of writing this book. Maybe my body's another type of poem, and this book is the residue of its experiences, from the start of the Black Lives Matter protests to the end of the Trump presidency.

Christopher Soto is a Salvadoran poet and abolitionist based in Tovaangar (Los Angeles, California). He currently works at UCLA's Ethnic Studies Research Centers, and he also teaches at UCLA's Honors College. He has previously taught at NYU, where he received his MFA in poetry and was a Goldwater Hospital Writing Fellow; Columbia University as a June Jordan Teaching Corps Fellow; and at Occidental College as a Visiting Assistant Professor of Creative Writing. He previously interned with the Poetry Society of America, and he served on the Board of Directors of Lambda Literary. He is the editor of *Nepantla: An Anthology Dedicated to Queer Poets of Color* (Nightboat Books, 2018) and the author of the limited-edition chapbook *Sad Girl Poems* (Sibling Rivalry Press, 2016). He cofounded the Undocupoets Campaign, which successfully lobbied numerous poetry publishers in the United States to remove proof-of-citizenship requirements from first-book contests. He also cofounded Writers for Migrant Justice to protest the detention and separation of migrant families in the U.S., organized with the Cops Off Campus movement, and worked at Equal Justice USA to end the death penalty. He has received the Barnes & Noble Writer for Writers Award from *Poets & Writers*, Split This Rock Freedom Plow Award for Poetry and Activism, and fellowships from the National Endowment for the Arts and CantoMundo. His poems, reviews, interviews, and articles can be found at *The Nation*, *The Guardian*, *Los Angeles Review of Books*, *The American Poetry Review*, *Literary Hub*, and *Tin House*, among others. He identifies as nonbinary and also uses "they" pronouns.

Poetry is vital to language and living. Since 1972, Copper Canyon Press has published extraordinary poetry from around the world to engage the imaginations and intellects of readers, writers, booksellers, librarians, teachers, students, and donors.

COPPER CANYON PRESS WISHES TO EXTEND A SPECIAL THANKS TO THE FOLLOW-ING SUPPORTERS WHO PROVIDED FUNDING DURING THE COVID-19 PANDEMIC:

4Culture
Academy of American Poets (Literary Relief Fund)
City of Seattle Office of Arts & Culture
Community of Literary Magazines and Presses (Literary Relief Fund)
Economic Development Council of Jefferson County
National Book Foundation (Literary Relief Fund)
Poetry Foundation
U.S. Department of the Treasury Payroll Protection Program

WE ARE GRATEFUL FOR THE MAJOR SUPPORT PROVIDED BY:

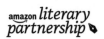
THE PAUL G. ALLEN
FAMILY FOUNDATION

TO LEARN MORE ABOUT UNDERWRITING
COPPER CANYON PRESS TITLES,
PLEASE CALL 360-385-4925 EXT. 103

WE ARE GRATEFUL FOR THE MAJOR SUPPORT PROVIDED BY:

Anonymous (3)

Jill Baker and Jeffrey Bishop

Anne and Geoffrey Barker

In honor of Ida Bauer, Betsy
Gifford, and Beverly Sachar

Donna Bellew

Matthew Bellew

Sarah Bird

Will Blythe

John Branch

Diana Broze

John R. Cahill

Sarah Cavanaugh

Stephanie Ellis-Smith and Douglas
Smith

Austin Evans

Saramel Evans

Mimi Gardner Gates

Gull Industries Inc. on behalf of
William True

The Trust of Warren A. Gummow

William R. Hearst, III

Carolyn and Robert Hedin

Bruce Kahn

Phil Kovacevich and Eric Wechsler

Lakeside Industries Inc. on behalf
of Jeanne Marie Lee

Maureen Lee and Mark Busto

Peter Lewis and Johnna Turiano

Ellie Mathews and Carl Youngmann
as The North Press

Larry Mawby and Lois Bahle

Hank and Liesel Meijer

Jack Nicholson

Gregg Orr

Petunia Charitable Fund and
adviser Elizabeth Hebert

Suzanne Rapp and Mark Hamilton

Adam and Lynn Rauch

Emily and Dan Raymond

Joseph C. Roberts

Jill and Bill Ruckelshaus

Cynthia Sears

Kim and Jeff Seely

Joan F. Woods

Barbara and Charles Wright

Caleb Young as C. Young Creative

The dedicated interns and
faithful volunteers of
Copper Canyon Press

The poems are set in Lora.

Book design and composition by Becca Fox Design